I0481810

oprichting Hajro,

het conglomeraat

oprichting Hajro,

het conglomeraat

Jasmin Hajro

Jasmin Hajro

© 2018 Jasmin Hajro

ISBN : 978-0-244-68021-3

Omslagontwerp door

Jasmin Hajro

Eerste druk 2018

De bio van oprichter & auteur Jasmin Hajro, even kennis maken

Hallo beste lezer,

hoe gaat het ?

Bedankt voor kopen van boekje Gedichten, grapjes en boek.

Mijn naam is Jasmin Hajro, ik ben geboren op 6 juli 1985 in
Bosnie.
Als vluchtelingen kwamen we naar Nederland, 21 jaar geleden.
Na school te hebben doorlopen & verscheidene banen...

Heb ik op 17 december 2012, mijn eerste onderneming opgericht:
beleggingsbedrijf Jasko.
Na een succesvol eerste jaar, heb ik helaas de onderneming
moeten sluiten.
Na een korte periode van rust, ww en tijdelijk werk. Begon ik
weer als ondernemer.

Op 1 september 2015, heb ik onderneming Hajro opgericht.
Sinds het begin is de kernactiviteit, het verkopen van setjes
wenskaarten, deur tot deur.

Tegenwoordig is het assortiment uitgebreid.

Met o.a. de verkoop van mijn 8 boeken, waaronder :

boek Moneymaker,

boek Bouw jouw fortuin,

boek Recept voor Geluk,

boek de Reddingsboei voor banken"loyaal bankieren" ,

boek de Ultieme Winnende Strategie voor ondernemers.

De royalties van mijn boeken worden gedoneerd
aan het Goede Doel : stichting Giveth Life.

Mijn onderneming is tegenwoordig Hajro Groep,

en bestaat uit 20 verschillende dochterondernemingen,

die onderdeel zijn van 1 overkoepelende organisatie.

Voor meer informatie over mijn onderneming &
de stichting, ga naar www.hajrobv.nl

het Betaal jezelf eerst principe

Het betaal jezelf eerst principe.

Het betekent dat wanneer je jouw geld ontvangt,
je eerst jezelf betaalt door bijvoorbeeld een tiende opzij te zetten.

Om het resultaat hiervan te verduidelijken,
maken we een voorbeeld berekening.

Je verdient bijvoorbeeld 3000,- euro per maand.
En je betaalt jezelf eerst,
oftewel : je zet een tiende (10%) van je inkomen opzij.
Dus 300,- euro per maand.

Het jaar heeft 12 maanden,
dus na 1 jaar heb je (12 x 300) = 3600,- euro.
Na 1 jaar heb je een heel maand salaris opzij gezet.

Als je iedere maand een tiende opzij zet,
hoeveel heb je dan na 10 jaar ?

(3600 x 10) = 36000,- euro.
Dus na 10 jaar heb je 36000,- euro
oftewel een heel jaar salaris opzij gezet.

Verderop in dit boek : Bouw jouw Fortuin,
ziet u hoe u dat bedrag dat u maandelijks opzij zet.
Harder kunt laten groeien.

Previeuw Bouw Jouw Fortuin

<u>10 % van alles</u>

Het is belangrijk dat wanneer je eerst jezelf betaalt,
door 10 % opzij te zetten.
Dat je 10 % van alles opzij zet.

Natuurlijk 10 % van je inkomen.

Maar ook 10 % van de fooi als je die krijgt,
ook 10 % van je toeslagen,
ook 10 % van je cadeaugeld,
ook 10 % van je 13de maand,
ook 10 % van je bonus,
ook 10 % van je loonsverhoging,
ook 10 % van je belasting teruggaaf,
ook 10 % van je welkomstpremie.

Vanuit welke hoek of van wie dan ook je geld ontvangt,
het eerste wat je doet is jezelf eerst betalen.
Door een tiende ervan opzij te zetten.

Einde previeuw

Voor meer informatie over dit boek , ga naar onze verbeterde
website : www.hajrobv.nl

Previeuw boek Moneymaker

Moneymaker 3.

de bijbel voor ondernemers, geschreven door een ondernemer.
Dus jouw dagelijkse kost.

Nee, het gaat niet over GOD.

Er staat, geschreven door een ondernemer.....

JIJ LEEST ALLEEN MAAR BOEKEN DIE GESCHREVEN
ZIJN DOOR MENSEN DIE EEN EIGEN BEDRIJF HEBBEN !!
Begrijp je dat ?

Zo voorkom je dat je geest voedt met BULLSHIT.
En dat je BULLSHIT gaat modelleren.
Dus bespaar je jezelf tijd en geld.

Ok, dan even over die Ondernemersbijbel.
Het heet No Excuses, the Power of self discipline En is
geschreven door Brian Tracy

En ja die heeft een eigen bedrijf. Anders stond zijn naam hier
Niet.

Het komt toch op zelf discipline neer.
En zelf discipline maakt dat jij je heel erg Goed voelt over jezelf.

Als je gaat sporten bijvoorbeeld, terwijl de meeste mensen tv aan
het kijken zijn.
Als je op zaterdag werkt, terwijl de meeste mensen weekend
houden.
Als je op zondag een stap zet richting het bereiken van je doelen.

Bovenstaande 3 voorbeelden, vereisen zelf discipline van jou.

Maar over 1, 3, 5 jaar waar sta jij dan ?

En waar de meeste mensen ?

Wel's een dag gewerkt met pijn omdat je tanden afgebroken
waren ?
Wel's gewerkt met 2 uurtjes slaap, de nacht ervoor ?
Wel's gewerkt zonder te hebben geslapen, de nacht ervoor ?

Het was vast makkelijker om toen, tv te gaan kijken.....

Maar dan zou ik nou voor jou een Bullshitter zijn,
en niet iemand die je respecteert.

Oh jah, koop de ondernemersbijbel. NU.

Moneymaker 2.

Twee dingen waar je dagelijks je tijd aan MOET besteden

Welke 2 zijn dat ?

Tv kijken en op Facebook zitten ?

Zonder BULLSHIT, dus :

SALES & DIRECT MARKETING

Als je iets verkoopt (sales), dan komt er winst binnen.

Als je goed wordt in (direct marketing), dan komt er winst binnen.

Met marketing bespaar je jezelf tijd tijdens het verkopen.
Je hoeft tijdens je presentatie niet uit te leggen wie je bent en wat je onderneming doet.

Hoeveel uur per werkdag besteed Jij aan sales ?

Hoeveel uur per werkdag besteed Jij aan Direct Marketing ?

WAT GEBEURT ER ALS JE ALLEEN MAAR JE TIJD BESTEEDT AAN SALES & DIRECT MARKETING ??

Heb je dan meer winst en dus meer geld ?

Einde previeuw

Preview boek Recept voor Geluk

Even wat Geluksingredienten op een rij :

- Kijk iedere dag comedy, minimaal een uur

- Eet ijs, trakteer iemand op een ijsje

- Ga sporten, lekker van je afslaan met tennis of lekker hardlopen

- Pis in de tuin (en als je een boete krijgt voor wildplassen, dan lach je je helemaal stuk)

- Maak je geen zorgen, het leven is te kort daarvoor (door bezig te blijven, heb je geen tijd om je zorgen te maken)

Oprichting Hajro, het conglomeraat

Ze was een nieuw bedrijf begonnen met haar
nieuwe vriend en een collega van vroeger.

Uw voordeel nu vof.

Met haar vriend waren ze ook een stichting
aan het oprichten.
Stichting samen leven met een ander.
Ik heb de oprichtingakte gezien,
opgemaakt door 026notariaat te Arnhem.

En ik kreeg een kans om wenskaarten te gaan verkopen.

De wenskaarten verkopen,
zou een goede training zijn
om uiteindelijk als energieadviseur
langs de deuren te gaan.

Het verkoop proces is hetzelfde.
100 mensen spreken per dag,
3 rondjes lopen zodat je iedereen spreekt
in je terry(werkgebied)
De pitch (je presentatie)
is hetzelfde bij ieder persoon die
je spreekt.
Enz.

Ik kreeg training van hun,
Emina mijn zusje en haar vriend.
Ik begon ook seminars te kijken
over sales (verkoop)
op Youtube.

De pitch te oefenen.

Ik begon enthousiast te worden.

Op een dag zat ik thuis
naar de wenskaarten te kijken.
En dacht ik kan het,
ik kan wat ze doen.

En wat kan er nou gebeuren,
als ik de pitch vergeet,
of niet uit mijn woorden kom.

Emina zei dat het ergste
een doorslam was.
Als iemand de deur voor je neus dichtsmijt.
Ha, alleen dat ?

Dus ik nam mijn pitch op een briefje mee,
een geldtasje en een aantal sets wenskaarten.

En begon te lopen en te verkopen,
iik begon gewoon in mijn woonstraat...

Voor ik er klaar en wel voor was.

Ik verkocht een aantal setjes,
de mensen waren veel aardiger dan ik had verwacht.

Ik denk dat veel mensen iets goeds willen doen.
Ook al is het een setje kaarten kopen
voor het Goede Doel.

De stichting mag beloningen geven aan haar
bestuur en medewerkers.

De website van de stichting deed het even niet.
Emina en haar vriend gingen uit elkaar.
Hij had de nota voor de oprichtingsakte
nooit betaald.
De stichting was technisch nog niet opgericht.

Om van het gedoe af te zijn.
En lekker door te kunnen gaan met verkopen,
wat ik ondertussen leuk begon te vinden.

Heb ik met de gespaarde opbrengst
van mijn kaartenverkoop
een eigen stichting opgericht.
Waarbij wel alles in orde was.
En dat is natuurlijk :
stichting Giveth Life

Een website ervoor gemaakt,
en ik ging vrolijk verder verkopen.

Toen kwam de politie een aantal keer,
want ze vonden dat ik aan het collecteren was.

Ik was aan het venten,
in mijn hoofd is collecteren :
met een geldbus langs de deuren gaan.

Ik verkocht een product.

Zij dachten anders....

Ik had me alweer ingeschreven bij de Kamer
van koophandel,
om als onafhankelijk energieadviseur
te kunnen gaan verkopen.
Met onderneming Hajro.

Om van dat onnodige gedoe met de
politie klaar te zijn.
Besloot ik om namens mijn onderneming Hajro
wenskaarten te gaan verkopen.

En een deel van mijn opbrengst aan Goede Doelen te doneren.

De kans zat erin dat in de toekomst de kaartenverkoop
minder zou worden,
door Facebook, Whatsapp
digitale kaarten etc.

Dus ik moest wat verzinnen,
dat mensen altijd zouden gebruiken,
maar waar ik er wel een aantal van in mijn tas
mee kon nemen.

Ik kwam op het handigsetje...

Een mok gevuld met snoepjes,
met een theelepeltje, een aansteker en een pen.
Ingepakt als een cadeautje.

Want de mensen zullen wel altijd hun koffie
of thee uit een mok blijven drinken.

Ik wou het ook steeds groter
en beter doen. Een mooie winkel
wou ik van mijn onderneming maken.

Uiteindelijk was het dat ook op
www.hajro.nl

Daarna kocht iemand dat domein.
Toevallig. Volgens mij was er niks toevalligs aan.

Moest ik een nieuwe website maken,
het oude webadres staat op mijn
duizenden visitekaartjes,
op de flyers,
op mijn boeken.

Kon ik alles opnieuw doen.

Nou de nieuwe en verbeterde website
is natuurlijk www.hajrobv.nl
en heeft een leuke en unieke
E-winkel.

Met alleen maar Hajro producten.

Ik hou natuurlijk heel erg van mijn onderneming Hajro.
Het is als een kindje voor me.

We doen ook goed,
en steunen veel Goed Doelen,
en mijn boeken kunnen ensen echt helpen.
Om gelukkiger en rijker te leven,
en om hun bedrijf profitabeler te maken.

Ik verdien mijn geld met verkopen.

Dus de royalties (de opbrengst)
van mijn boeken gaan naar het Goede Doel

Een goede stichting,
namelijk stichting Giveth Life.
Die al gezinnen een steuntje in de rug heeft gegeven.

Ik zou je graag meer vertellen over Hajro,
want het gaat veel goede dingen doen.

Ik heb als verkoper altijd werk,
ik kan maandag tot en met zondag werken
en iedere dag verdienen.
Ik heb gelukkig werk tot aan mijn pensioen.

Deze kans heb ik gekregen in een
periode in mijn leven toen ik
geen werk kon vinden.

Oprichting Hajro
wil zo'n kans aan veel meer mensen geven.
En met Hajro Groep,
bieden we veel verschillende baantjes aan.

Als werknemer of klant van Hajro,

steun jij ook 40 Goede Doelen,

daarom voel ik me ook altijd goed

om voor Hajro

langs de mensen te gaan.

Als penningmeester in het bestuur van

stichting Giveth Life,

heb ik inzage in de bankrekening.

En ik weet dat er dagelijks en

maandelijks wordt gedoneerd

aan de Goede Doelen.

Maar jij had dat natuurlijk allang begrepen,

door alle bedankjes (brieven & kaarten van de Goede Doelen)

op onze website

www.hajrobv.nl

Hieronder staan onze missie, visie & donaties aan Goede Doelen

Missie :

het is onze missie om het vertrouwen te herstellen.
Door zoveel mogelijk mensen te helpen rijker te leven,
persoonlijk & zakelijk.
En iets terug te doen voor Nederland.

Hajro heeft honderden tevreden klanten

Visie :

onze visie voor de toekomst is Internationaal zaken doen,
met vooral Bosnie en Belgie.
Samen met een groot & goedbetaald team
van verkopers en postbezorgers.
We blijven uiteraard de goede doelen steunen.

In 2016 heeft Hajro € 376,85 aan goede doelen & initiatieven
gedoneerd.

In 2017 heeft Hajro € 212,14 aan goede doelen & initiatieven
gedoneerd.

De opbrengst (royalties) van de boeken Moneymaker &
Bouw jouw fortuin
worden gedoneerd aan Stichting Giveth Life

Uitleg :

een Goed initiatief is bijvoorbeeld een sportclub.

We steunen een aantal sportclubs en sportverenigingen omdat

het beter is voor jonge mensen om te sporten,

dan in de kroeg te zuipen of in de shop te blowen.

Waarom ?

Nou, de leiders van de toekomst....

De dokters, advocaten, ministers

Dat wordt de jeugd van nu,

de jeugd van nu,

worden de leiders van morgen.

En we willen gezonde en competente mensen.

Dus moeten we nu investeren in een gezonde jeugd.

Welkom bij oprichting Hajro,
het conglomeraat...

*Hajro zet zich in voor de mensen in Gelderland, door werk te
bieden, door te doneren aan Goede Doelen & door jou te helpen
om rijker te leven.*

Hallo beste bezoeker,

hoe gaat het ?

Reactie van klant :

Wij zijn heel tevreden met de mooie kaarten van Hajro.

Ga zo door.

Freriks-Hermens, Doetinchem

Beste bezoeker,

als u de beste wenskaarten ter wereld wilt,

en mokken die niet kapot te krijgen zijn.

Plus een 300 pagina's dik boekwerk,

over hoe je jouw appeltje voor de dorst veilig stelt.

Aan jou gepresenteerd door een team van professionals,

met 100 jaar ervaring in het vak.

Met een website ontworpen door een team van specialisten &

gevestigd in een Trumpachtige wolkenkrabber.

Met een kantoor dat meer kost dan jouw huis.

Waar je je kunt vergapen aan de diploma's,

certificaten,gewonnen prijzen en

betaalde keurmerken.

Nou, dan is onze E winkel niet de plek om te bezoeken.

Maar wil je gewoon een leuk setje wenskaarten,

om je familie & vrienden iets van je te laten horen.

Wil je een leuk cadeautje voor jezelf,

waar je jouw bakkie thee of koffie uit kunt blijven drinken.

Wil je een boekje waarin een goede weg staat,

want vele wegen leiden naar Rome.

Wil je een deel van je aankoopbedrag,

naar een goed doel gestuurd zien worden.

Ben je niet bang om iets meer te besteden,

omdat je er waarde voor terug krijgt.

Of wil je als startende zelfstandige,

praktisch advies dat je kunt implementeren.

Dan heten we jou van harte welkom

bij de Hajro familie.

Reactie van klant :

Ik ben heel tevreden met de mooie kaarten van Hajro!

Annemarie, Doetinchem

Hoe doen we samen met jou, iets goeds ?

1 Bij ieder artikel zit een waardevol cadeautje, waar jij voor de rest van jouw leven iets aan hebt. Daarmee helpen we jou om rijker te leven.

2 Van ieder aankoopbedrag gaat een deel naar stichting Giveth Life, waar we hoofdsponsor van zijn.

3 Terwijl bijna half stad Doetinchem werkloos is. Bieden wij werk aan met doorgroei mogelijkheden & functies voor langere tijd.

4 We hebben onze keurmerken niet gekocht, maar verdient.

5 We zijn transparant. Onze inkomsten zijn bekend bij de autoriteiten.

6 We hebben erkenning ontvangen voor onze inzet voor onze community, als Erkende Community Onderneming.

7 We zijn eerlijk, dus ook over een nadeel van een van onze producten.

De bedrukking op de mok gaat vervagen door de vaatwasser.

8 Dankzij jou,doneren we aan stichting Laat het zieke kind genieten.

9 Dankzij jou, doneren we aan stichting Mini manna.

10 Dankzij jou, doneren we aan Artsen zonder grenzen

11 Dankzij jou, doneren we aan Kika

12 Dankzij jou, doneren we aan Bibliotheek west achterhoek

13 Dankzij jou, doneren we aan Vereniging natuurmonumenten

's graveland

14 Dankzij jou, doneren we aan Save the children

15 Dankzij jou, doneren we aan stichting AAP

16 Dankzij jou, doneren we aan Dierencentrum achterhoek

17 Dankzij jou, doneren we aan Cliniclowns

18 Dankzij jou, doneren we aan VIOD

19 Dankzij jou, doneren we aan Gasthuisfonds

20 Dankzij jou, doneren we aan stichting Dierenlot

21 Dankzij jou, doneren we aan Koninklijke

nederlandse politiehondenvereniging

22 Dankzij jou, doneren we aan stichting Joni

23 Dankzij jou, doneren we aan Schaak Vereniging doetinchem

24 Dankzij jou, doneren we aan NDD zwemvereniging

25 Dankzij jou, doneren we aan Nierstichting

26 Dankzij jou, doneren we aan stichting vrienden voor Waterrijk

27 Dankzij jou, doneren we aan Cordaid Memisa

28 Dankzij jou, doneren we aan stichting vrienden van het

Slingeland ziekenhuis

29 Dankzij jou, doneren we aan stichting diva dichtbij

30 Dankzij jou, doneren we aan Kwf kankerbestrijding

31 Dankzij jou, doneren we aan stichting mama cash

32 Dankzij jou, doneren we aan Warchild

33 Dankzij jou, doneren we aan Kansfonds

34 Dankzij jou, doneren we aan Leprastichting

35 Dankzij jou, doneren we aan Vluchtelingenwerk Nederland

36 Dankzij jou, doneren we aan Voedselbank Doetincheem

37 Dankzij jou, doneren we aan Doetinchemse hockey club

38 Dankzij jou, doneren we aan Free press unlimited

39 Dankzij jou, doneren we aan Oranjefonds

40 Dankzij jou, doneren we aan Dierenbescherming

41 Dankzij jou, doneren we aan Moeder Teresa stichting

42 Dankzij jou, doneren we aan Nationaal MS fonds

43 Dankzij jou, doneren we aan Noordbikers

44 Dankzij jou, doneren we aan Plan Nederland

45 Dankzij jou, doneren we aan Hartstichting

46 Dankzij jou, doneren we aan Scouting nederland fonds

47 Dankzij jou, doneren we aan Unicef

48 Dankzij jou, doneren we aan Light for the world

48 Dankzij jou, doneren we aan stichting Terre des hommes

49 Dankzij jou, doneren we aan Vereniging Humanitas

50 Dankzij jou, doneren we aan stichting Greenpeace

51 Dankzij jou, doneren we aan stichting Opkikker

52 Dankzij jou, doneren we aan stichting Kinderpostzegels

53 Dankzij jou, doneren we aan Tuberculosefonds

54 Dankzij jou, doneren we aan stichting Baby Hope

55 Dankzij jou, doneren we aan stichting UAF

56 Als je investeert in Hajro, en er wordt jou tijdelijk minder rendement

uitgekeerd. Dan gaan we nog meer artikelen verkopen, en ontvang je het

alsnog. Of we geven je geld + rente terug.

Beloofd.

57 We waarderen ons personeel, onze bezorgers worden het beste betaald.

58 We vragen Niks terug voor onze donaties, ook niet van de Belasting.

Dat noemen we Echt geven.

59 Aan het bedankje & in de toekomst aan het spaarboekje ziet u dat we net dat beetje

extra voor u doen.

60 Met ons andere boek : Moneymaker, helpen we collega ondernemers.

Om tijd te besparen en meer winst te behalen.

61 Het Goede Nieuws dat we verspreiden via post, is niet gewoon een reclame.

Het herinnert jou & en de mensen eraan, dat er geen gezin op straat hoeft komen te staan. Want er bestaat ww en bijstand. Dus dat we het Goed hebben in Nederland. En daar kunnen we alleen maar dankbaar voor zijn.

62 We hebben het boekje Eigen Fortuintje expres zo laag mogelijk geprijsd,

om er zoveel mogelijk mensen mee te helpen. Met het opbouwen van hun Eigen Fortuin. Speciaal voor jou dus, en voor jouw vrienden & jouw familie.

63 Voor jou staan we garant, met onze goede familienaam op het spel.

Dat je ontvangt wat je bestelt & nog iets meer.

Beloofd.

64 Dankzij jou, doneren we aan stichting Alzheimer

65 Dankzij jou, doneren we aan Parkinsonfonds

66 Dankzij jou, doneren we aan Thomas hulpfonds Madras

67 Dankzij jou, doneren we aan Wereld Natuur Fonds

68 Dankzij jou, doneren we aan stichting Straatmensen

69 Dankzij jou, doneren we aan Rudolphstichting

70 Dankzij jou, doneren we aan V.V. Doetinchem

71 Dankzij jou, doneren we aan stichting Jeugdsportfonds

72 Dankzij jou, doneren we aan Amnesty International

Reactie van klant :

In een woord geweldig !
De cadeautjes die Hajro stuurt zijn ontzettend leuk en
in een onwijs mooi goud gekleurd papier ingewikkeld.
Het schilderij met gouden omlijsting
hangt boven mijn deur.
Ik raad het iedereen aan om met Hajro in zee te gaan!

Meun - Arnhem

73 Dankzij jou, doneren we aan Bartimeus Sonneheerdt vereniging

Reactie van klant :

De service van Hajro heeft me positief verrast.

De klantenservice is simpelweg uitstekend te noemen.

Nadat ik een bevestiging van de bestelling per briefkaart

heb ontvangen, arriveerde een aantal dagen later het

cadeautje: een plezier om uit te pakken!

Ik kan de service van Hajro ten zeerste aanbevelen.

Steed, Arnhem

Ons eerste doel is mensen aan het werk houden & Goede Doelen steunen.

Ons tweede doel is mensen helpen rijker te leven,

met het cadeautje dat bij ieder artikel zit &

het boek Bouw jouw fortuin.

We staan voor wat we doen :

Mensen aan het werk houden,
Goede Doelen steunen door aan ze te doneren,
en mensen helpen rijker te leven.

Samen met jou maken we een positief verschil,
in onze community.
We helpen mensen en doen goede dingen.

(onze community = het gebied waar we leven & werken,

namelijk provincie Gelderland)

De aankomende 100 jaar blijven we bestaan voor jou,

7 dagen per week en 24 uur per dag geopend.

Zonder de prijzen te verhogen &

als je bestelt bij Hajro gaat de helft van je aankoopbedrag
naar Goede Doelen.

Aan de brieven & kaarten op onze website

zie je dat de Goede Doelen

ons en jou bedanken.

Niet bang zijn voor de kleine lettertjes hoor,

het zijn gewoon een aantal zekerheden,

die zwart op wit staan.

Zodat jij onbezorgd kunt winkelen bij ons.

Wanneer je bestelt via onze E-winkel word jij

beschermd door de Wet koop op afstand.

Je hebt na jouw aankoop een bedenktijd

van 30 dagen.

Als je ontevreden bent over jouw bestelling,

stuur het terug,

en je krijgt je geld terug.

Je hebt dus 0 % risico

We willen dat je helemaal tevreden bent,

als je iets bij ons koopt.

En iets waar je niet tevreden over bent

retour kunt sturen,

zonder gedoe.

Als je bij ons bestelt, ontvang je altijd een

bevestiging van je order via post.

We bieden jou de betrouwbaarste betaalmogelijkheid :

via gewone overboeking.

Al onze prijzen zijn All Inclusive : inclusief BTW en

andere heffingen , tevens inclusief verzendkosten en

servicekosten.

Dus geen stilzwijgende verhogingen of verlengingen ,

geen vanaf prijzen en geen gedoe achteraf.

Alle dingetjes die je krijgt,

nadat je iets bij ons hebt gekocht

(zoals het SpaarBoekje & reclame in een zakje)

zijn altijd gratis.

Normaal gesproken ontvang je jouw

bestelling binnen 2 a 3 werkdagen.

Het bezorgen van jouw bestelling wordt gedaan

door PostNL.

We hebben het je zo makkelijk mogelijk gemaakt

om iets te kunnen bestellen,

en gelijk af te rekenen.

In 1 stapje.

Al onze wenskaarten setjes zijn

inclusief postzegels.

(Tenzij anders vermeld)

Al onze producten & diensten zijn premium geprijsd,

en daar zijn goede redenen voor.

Zoals kwaliteit service,

je weet zeker dat uw bestelling goed verzorgd wordt.

We kunnen u meer mogelijkheden bieden voor een

beter persoonlijk & zakelijk leven.

We kunnen meer doneren aan Goede Doelen

& Initiatieven in

onze gemeenschap, waar we leven en werken.

Ook kunnen we meer investeren in onze mensen,

zodat ze net dat beetje extra voor u doen.

Heel Belangrijk : we kunnen mensen in onze

community betere kansen voor werk bieden met

betere arbeidsvoorwaarden.

Jouw gegevens zijn veilig bij ons &

de bank.

Hajro heeft een van de beste internetbeveiligingen.

Zoals u weet is de bedrijfsnaam ook onze achternaam ,

deze kunnen we niet veranderen.

Dus

als we fouten maken, wat

menselijk is, corrigeren we deze ook en maken het

goed met jou.

Bedankt voor het lezen,

je weet nou aardig wat van Hajro.

Neem contact op via post :

Hajro

Ottawastraat 19

7007 BC

Doetinchem

Nederland

Neem contact op via email :

E-mail : j.hajro@hotmail.com

OVERIG:

KvK: 65686306

Let op :

stichting Giveth Life verwerkt betalingen aan Hajro.

Heeft u iets gekocht aan de deur & gekozen voor achteraf betalen,

of wilt u iets bestellen bij Hajro ?

Dan mag u uw betaling of bestelling verzenden naar :

IBANrekeningnummer : **NL09SNSB0705973271**

t.n.v. Stichting Giveth Life

Zo gaat gelijk de helft van het geld naar een Goed Doel.

Met de andere helft wordt Hajro gesponsord,

om mensen aan het werk te houden,

ze te betalen en de kosten te voldoen.

Uitleg :

een Goed initiatief is bijvoorbeeld een sportclub.

We steunen een aantal sportclubs en sportverenigingen omdat

het beter is voor jonge mensen om te sporten,

dan in de kroeg te zuipen of in de shop te blowen

Dear visitor,

If you want the best greeting cards in the world,

and mugs which are indestructible.

Plus a 300 pages thick booklet,
about how you put your nest egg safe.

Presented to you by a team of professionals,
with 100 years of experience in the profession.

With a website designed by a team of specialists &
established in a Trump-like skyscraper.

With an office that costs more than your house.
Where you can marvel at the diplomas,
certificates, awards and
paid labels.

Well, then our International E store is not the place to visit.

But if you just want a nice set of greeting cards,
for your family & friends to hear from you.

If you want a great gift for yourself,
where you can continue to drink out of, your cup of tea or
coffee.

If you desire a booklet in which a good road to riches is
disclosed,
because many roads lead to Rome.

If you want to see, a part of your purchase price,
sent to charity.

If you aren't afraid to spend a little more,
because you get a lot of value in return.

Or if you are a starting entrepeneur,
needing practical advice that you can implement.

Then we welcome you
at the Hajro family.

We thank you for the opportunity

to participate in bringing joy

into someone's life

.

Dat was de intro in het Engels.

Hieronder ontmoet je stichting Giveth Life,

waar Hajro hoofdsponsor van is.

Het is echt een goede stichting,

want het bestuur ervan, krijgt geen beloningen.

_____

Stichting Giveth Life

organisatie zet zich in voor o.a

daklozen, natuurrampen, ziektes en

speciale gevallen

Bedankt voor uw bezoek

De stichting zet zich in voor o.a. speciale gevallen door heel Nederland.

*Dit doen we door verschillende actie's zoals :
wenskaartenverkoop, kleding*

inzamelen, geld inzamelen of sponsoring.

Zo zorgen we samen voor een beter leven voor anderen.

Een steuntje in de rug voor een gezin, zoals u onderaan de pagina kunt zien, betekent :

van de donaties is een doos aan boodschappen gekocht,

dit is aan een gezin gegeven dat weinig te besteden heeft,

dit scheelt dat gezin een week aan boodschappengeld.

Korte termijn doel van stichting Giveth Life :

regelmatig een steuntje in de rug geven aan gezinnen.

Middellange termijn doel van stichting Giveth Life :

mensen die ver van de arbeidsmarkt staan,

vrijwilligerswerk bieden, waar ze een vergoeding voor krijgen.

Lange termijn doel stichting Giveth Life :

bijdragen aan een fatsoenlijk pensioen voor immigranten,

die een flinke pensioenkorting staat te wachten.

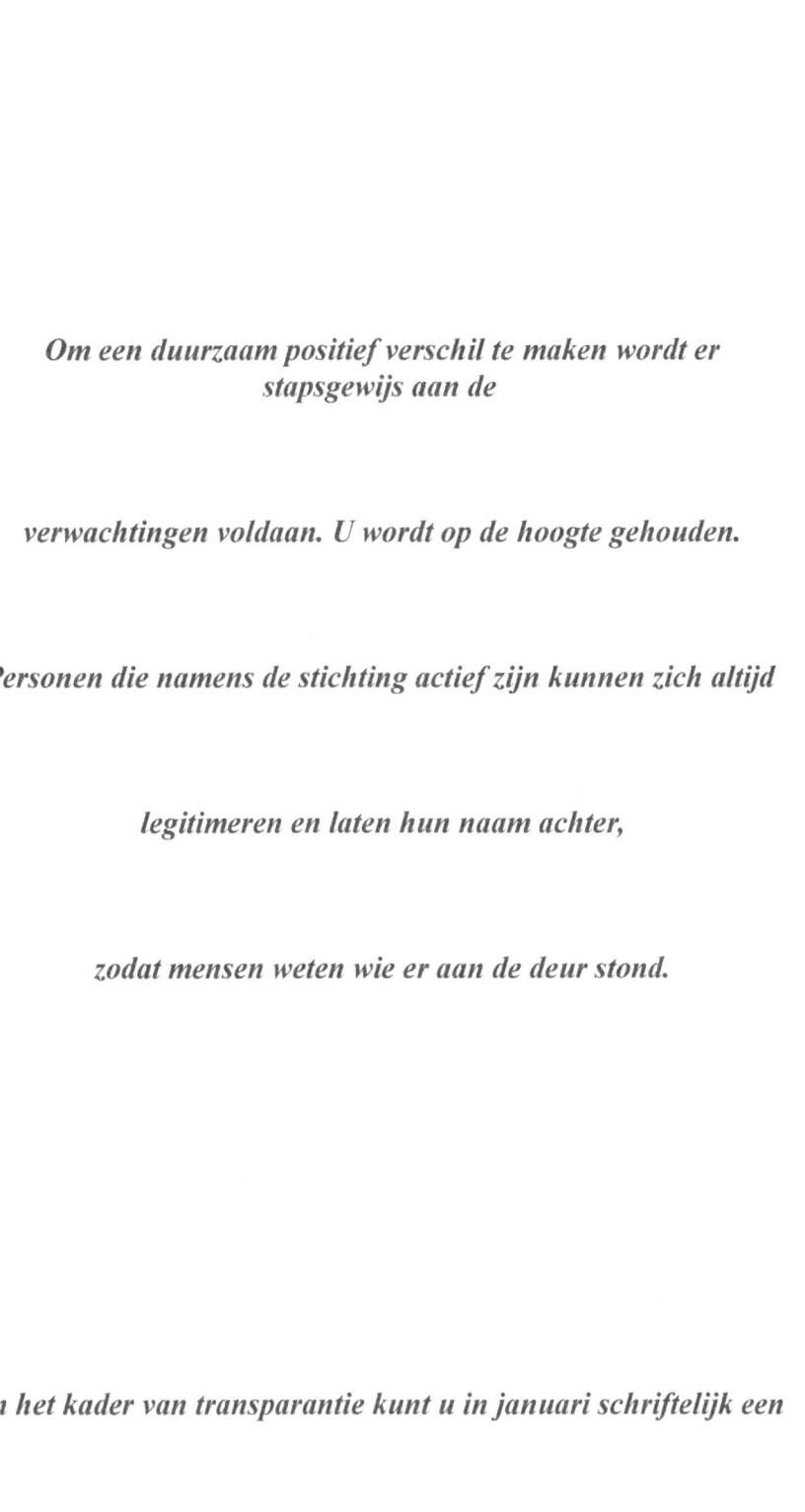

Om een duurzaam positief verschil te maken wordt er stapsgewijs aan de

verwachtingen voldaan. U wordt op de hoogte gehouden.

Personen die namens de stichting actief zijn kunnen zich altijd

legitimeren en laten hun naam achter,

zodat mensen weten wie er aan de deur stond.

In het kader van transparantie kunt u in januari schriftelijk een financieel

overzicht opvragen over het afgelopen jaar.

Bedankt voor uw contributie.

_____

_____

Met de opbrengst van de kaartenverkoop namens de stichting zijn :

- de onkosten voldaan

- cadeaubonnetjes voor contributees

- iedere contributee een waardevol cadeautje gegeven

- bescheiden donaties gedaan aan ; Kika, Minimanna, Gasthuisfonds

- honderden mensen op de hoogte gebracht over

de wijzigingen middels brieven

- cadeau voor een gezin

- bescheiden beloning aan bestuur toegekend

-verrassingtreetje cadau gedaan

Dank aan onze hoofdsponsoren Hajro & eLucky

De stichting wordt in gemeente Doetinchem pas actief met collecteren

na een ontvangen vergunning,

eenmaal zover zal dit worden aangekondigd.....

**Indien stichting Giveth Life elders actief wordt,zal dit van te voren

aangekondigd worden**

_____

_____

Notaris E 323,68

Inkoop E 300,-

Verrassingen E 163,-

Donaties E 38,79

O.V.   E 7,28

Trees E 10,-

Materiaal (enveloppen,inkt,etc) E 30,-

KvK E 50,-

Beloning bestuur E 100,-

Overig E 100,-

Stichting Giveth Life heeft nauwelijks kosten,

marketinguitgaven zoals advertenties en direct mail,

worden door Hajro gesponsord.

Vanaf heden ontvangt het bestuur geen beloningen voor hun
vrijwillige werkzaamheden !

Welkom in de grootste, de beste en

de meest spectaculaire E-winkel ter wereld.

Simpelweg omdat de helft van wat je besteedt,

naar Goede Doelen toe gaat.

_____

_____

Om het product assortiment te zien,

kun je straks naar www.hajrobv.nl toe gaan.

_____

Voor uw gemak

kunt u met 1 stapje

bestellen en afrekenen.

Hieronder staat dat ene stapje uitgelegd :

Weet u hoe het artikel heet dat u wilt bestellen ?

Weet u hoeveel eurotjes het is ?

Goed.

Ga nu naar de website van uw bank,

en log in.

Ga dan naar kopje : nieuwe opdracht / overschrijven

Vul nu het aantal eurotjes in.

Vul de naam van de ontvanger in : stichting Giveth Life

Vul het IBAN van de ontvanger in : NL09SNSB0705973271

Goed.

Vul nu in de omschrijving : hoe het artikel heet dat u bestelt

en hoeveel u er wilt.

Vul daaronder het adres in, waar het bezorgd moet worden.

Goed.

Klik nu op opdracht Verzenden.

Helemaal goed.

U heeft nou met 1 stapje besteld en afgerekend.

Wees gerust, uw gegevens zijn veilig bij ons en de bank.

Hoe gaat het nou verder ?

1 Wij ontvangen uw bestelling.

2 Wij sturen u een bevestiging.

3 Uw bestelling wordt bezorgd.

4 U ontvangt een bedankje en het spaarboekje.

We staan Garant, met onze goede familienaam op het spel.

dat JIJ ontvangt wat je bestelt,
en nog iets meer.

Beloofd.

Hieronder leest u de bestelervaring van een van onze klanten :

Reactie van klant :

De service van Hajro heeft me positief verrast.

De klantenservice is simpelweg uitstekend te noemen.

Nadat ik een bevestiging van de bestelling per briefkaart

heb ontvangen, arriveerde een aantal dagen later het

cadeautje: een plezier om uit te pakken!

Ik kan de service van Hajro ten zeerste aanbevelen.

Steed, Arnhem

Hallo,

vind jij het belangrijk dat Hajro mensen aan het werk houdt ?

*Vind jij het belangrijk dat Hajro doneert aan veel Goede Doelen
?*

*Vind jij het belangrijk dat Hajro mensen helpt om meer
zekerheid
op te bouwen, voor hun pensioen en hun gezin.
Dus om rijker te leven ?*

*Als jij gelooft in wat Hajro doet,
ben je welkom om als vrijwilliger mee te helpen.*

*Je kan post bezorgen,
of setjes wenskaarten verkopen.*

*Na een persoonlijk gesprek,
kun je meteen aan de slag.*

*Als je goed je best doet,
krijg je een functie als vrijwilliger,
voor 3 jaar.*

*Je krijgt een vergoeding voor je werkzaamheden, maandelijks
op je rekening gestort.
(Je wordt dus Niet gekort op je ww of bijstand)*

*Je werkzaamheden doe je in de buitenlucht en in gemeente
Doetinchem.*

Er wordt van je verwacht dat je enthousiast bent

en vriendelijk tegen mensen.

Wil je meehelpen ?

Stuur dan een email naar : j.hajro@hotmail.com

*Schrijf in de email wat voor school en werk je hebt gedaan of
doet ,
en stuur een foto van jezelf mee.*

*Je krijgt binnen 2 weken een gesprek
en kunt daarna aan de slag.*

Tot ziens.

———————

Beste bezoeker,

welkom bij Hajro groep & haar partners.

Hajro groep is de moederorganisatie van het Hajro conglomeraat.

Met verschillende formules,

verscheidenheid aan producten & diensten

bieden we jou meer voordelen.

Je kunt Hajro Groep bezoeken op

www.hajrogroup.com

of

www.hajrobv.nl

Investeerder worden ?

Niet werken maar wel delen in de winst.

Consumenten mogen hun vraag emailen naar :

j.hajro@hotmail.com

Hajro Groep staat open voor :

strategische partners &

leveranciers van private label producten.

Ondernemingen kunnen bij interesse in samenwerking,

hun voorstel emailen naar :

info@hajrobv.nl

Stichting Giveth Life verzorgt betalingen aan en van Hajro Groep.

Hajro Groep is financieel gezond,

om dit zo te houden,

werken we alleen met vooruitbetaling.

We zijn dus meer dan 5 jaar geleden gestart,

en hebben een trackrecord in ondernemen,

directe verkoop & finance.

Bezoek ons op internet,

ga naar :

www.hajrobv.nl

Tot ziens

P.S. We hebben verjaardagswenskaarten, kalenders,
cadeaumokken

en hele goede boeken voor jou.

Met wat je ook kiest,

je helpt er mensen mee aan het werk houden

en doneert aan 40 Goede Doelen.

Ik zie je graag terug op www.hajrobv.nl

P.P.S. *Als er een tijdelijke Mega Promotie wordt gehouden,*

kun je voor 5 eurotjes per stuk

mijn boeken aanschaffen.

Ga naar

amazon.com/author/jasminhajro

en pak je voordeel.

Deel de actie met je vrienden & bekenden,

zodat ook zij rijker , gelukkiger en

meer voldaan........

Kortom vooruit

worden geholpen in hun leven.

Met vriendelijke groeten,

Jasmin Hajro

Hajro
Ottawastraat 19
7007 BC
  Doetinchem,
the Netherlands
KvK : 65686308

www.hajrobv.nl

amazon.com/author/jasminhajro

Nou, als dank dat je dit boek hebt gelezen.

Dat een beetje anders is dan anders.

Ontvang je een Bonus.

Het boek Recept voor Geluk,

kun je op de volgende pagina's lezen.

Veel plezier ervan.

Het Recept voor Geluk

Er is een boek geschreven over een waar gebeurd verhaal...
Een man die in een concentratiekamp zat ten tijde van Hitler,
en gelukkig was.

Dus,
geluk heeft Niks te aken met jouw omstandigheden.

Het heeft alles te maken met,
jouw keuze om gelukkig te zijn,
ongeacht omstandigheden.

Kies ervoor om gelukkig te zijn.

Natuurlijk zijn er mindere periodes in het leven,
zoals wanneer iemand waar je van houdt,
overlijdt.
Dat hoort bij het leven.
En periodes van verdriet met je gewoon verwerken.

Verwerken doe je het beste door erover te praten,
je hart te luchten, regelmatig.

Door erover te schrijven,

als je een situatie of je gevoelens erover opschrijft,

dan staat het op papier,

en zit het minder in je hoofd.

Schrijven is een goede uitlaatlep.

Verwerken doe je ook goed door :

bezig te blijven.

Of dat nou in je werk of je hobby is.

Ze zeggen : een rollende steen vergaart geen mos.

Dus blijf bezig....

Oke, een goede les geleerd om negatieve ervaringen

beter te verwerken.

Maar je bent hier voor het Recept voor Geluk, toch ?

Nou, de les hiervoor helpt je om het Recept beter voor je te

laten werken.

Hier komt ie dan...

Je leest vast wel 's een lokaal krantje,

en je kijkt vast regelmatig naar het journaal

(het dagelijkse nieuws op tv)

Is je al opgevallen dat het voor 99% Slecht nieuws is ?

Alleen maar ellende..

Als je niet beter wist,

zou je denken dat de hele wereld aan het vergaan is.

Als het voor jou een gewoonte is,

om dagelijks een half uurtje naar het journaal te kijken...

Heb je er wel's bij stil gestaan of dat wel gezond is ?

Word je er gelukkig van ?

Natuurlijk Niet !

Het makkelijkste verander je een gewoonte

door het te vervangen met een nieuwe gewoonte.

Dus vanaf vandaag ga jij

in plaats van dagelijks een half uurtje

naar de wereldellende op het journaal te kijken...........

Een half uurtje per dag naar COMEDY kijken.

Verplicht.

Iedere dag.

Nou is half 8 in de avond geen nieuwstijd,
maar Comedy tijd.

Als je naar comedy kijkt,
ontspan je &
lach je.

Klinkt al gezonder, vind je niet ?

Nou, iedere dag lachen is makkelijk te doen, toch ?

En je oude slechte gewoonte vervangen,
met een leuke, gezonde nieuwe gewoonte,
is ook makkelijker dan je had gedacht.

Behalve dat ontspanning goed voor je is,
maakt wanneer je lacht,
jouw lichaam endorfines aan.

Dat zijn natuurlijke geluksstofjes.

Nou, je hebt na 21 dagen,
een nieuwe gewoonte gevormd.

<u>Dus kijk iedere dag Comedy.</u>

Je kan veel standup comedy op Youtube, gratis kijken.

Simpel ?
Zeker, maar je moet het wel even doen,
iedere dag,
totdat je er niet meer over na hoeft te denken,
en je het automatisch gaat doen.

Even wat Geluksingredienten op een rij :

–   Kijk iedere dag comedy, minimaal een uur

–   Eet ijs, trakteer iemand op een ijsje

–   Ga sporten, lekker van je afslaan met tennis of lekker
hardlopen

–   Pis in de tuin

(en als je een boete krijgt voor wildplassen, dan lach je je
helemaal stuk)

–   Maak je geen zorgen, het leven is te kort daarvoor

(door bezig te blijven, heb je geen tijd om je zorgen te maken)

–   Knuffel mensen waar je van houdt

–   Ga gezellig een kopje koffie drinken

–   Neem een kat of een ander huisdier

–   Als je geld ontvangt, spaar gelijk een deel ervan

–   Laat je niet bang maken door de media,

de wereld wordt niet slechter, de wereld wordt steeds beter.

–   Sex, need I say more

(als je sex hebt maak je ook endorfines = geluksstofjes aan)

Misschien is het Recept anders dan je had verwacht,

maar daar gaat het niet om,

het gaat erom dat het werkt &

jou helpt gelukkiger te leven.

Doe het,

het is makkelijker

dan zuur te kijken.

Als je dit een goed boek vindt,
wil je dan zo vriendelijk zijn
om het aan te raden
bij mensen die jij kent.

Zodat ook zij ermee vooruit worden geholpen.

Dank je.

het Betaal jezelf eerst principe

Het betaal jezelf eerst principe.

Het betekent dat wanneer je jouw geld ontvangt,
je eerst jezelf betaalt door bijvoorbeeld een tiende opzij te zetten.

Om het resultaat hiervan te verduidelijken,
maken we een voorbeeld berekening.

Je verdient bijvoorbeeld 3000,- euro per maand.
En je betaalt jezelf eerst,
oftewel : je zet een tiende (10%) van je inkomen opzij.
Dus 300,- euro per maand.

Het jaar heeft 12 maanden,
dus na 1 jaar heb je (12 x 300) = 3600,- euro.
Na 1 jaar heb je een heel maand salaris opzij gezet.

Als je iedere maand een tiende opzij zet,
hoeveel heb je dan na 10 jaar ?

(3600 x 10) = 36000,- euro.
Dus na 10 jaar heb je 36000,- euro
oftewel een heel jaar salaris opzij gezet.

Verderop in dit boek : Bouw jouw Fortuin,
ziet u hoe u dat bedrag dat u maandelijks opzij zet.
Harder kunt laten groeien.

Previeuw Bouw Jouw Fortuin

10 % van alles

Het is belangrijk dat wanneer je eerst jezelf betaalt,
door 10 % opzij te zetten.
Dat je 10 % van alles opzij zet.

Natuurlijk 10 % van je inkomen.

Maar ook 10 % van de fooi als je die krijgt,
ook 10 % van je toeslagen,
ook 10 % van je cadeaugeld,
ook 10 % van je 13de maand,
ook 10 % van je bonus,
ook 10 % van je loonsverhoging,
ook 10 % van je belasting teruggaaf,
ook 10 % van je welkomstpremie.

Vanuit welke hoek of van wie dan ook je geld ontvangt,
het eerste wat je doet is jezelf eerst betalen.
Door een tiende ervan opzij te zetten.

Einde previeuw

Voor meer informatie over dit boek , ga naar onze verbeterde
website : www.hajrobv.nl

Previeuw boek Moneymaker

Moneymaker 3.

de bijbel voor ondernemers, geschreven door een ondernemer.
Dus jouw dagelijkse kost.

Nee, het gaat niet over GOD.

Er staat, geschreven door een ondernemer.....

JIJ LEEST ALLEEN MAAR BOEKEN DIE GESCHREVEN
ZIJN DOOR MENSEN DIE EEN EIGEN BEDRIJF HEBBEN !!
Begrijp je dat ?

Zo voorkom je dat je geest voedt met BULLSHIT.
En dat je BULLSHIT gaat modelleren.
Dus bespaar je jezelf tijd en geld.

Ok, dan even over die Ondernemersbijbel.
Het heet No Excuses, the Power of self discipline En is
geschreven door Brian Tracy

En ja die heeft een eigen bedrijf. Anders stond zijn naam hier
Niet.

Het komt toch op zelf discipline neer.
En zelf discipline maakt dat jij je heel erg Goed voelt over jezelf.

Als je gaat sporten bijvoorbeeld, terwijl de meeste mensen tv aan
het kijken zijn.
Als je op zaterdag werkt, terwijl de meeste mensen weekend
houden.
Als je op zondag een stap zet richting het bereiken van je doelen.

Bovenstaande 3 voorbeelden, vereisen zelf discipline van jou.

Maar over 1, 3, 5 jaar waar sta jij dan ?

En waar de meeste mensen ?

Wel's een dag gewerkt met pijn omdat je tanden afgebroken
waren ?
Wel's gewerkt met 2 uurtjes slaap, de nacht ervoor ?
Wel's gewerkt zonder te hebben geslapen, de nacht ervoor ?

Het was vast makkelijker om toen, tv te gaan kijken.....

Maar dan zou ik nou voor jou een Bullshitter zijn,
en niet iemand die je respecteert.

Oh jah, koop de ondernemersbijbel. NU.

Previeuw boek Moneymaker

Moneymaker 2.

Twee dingen waar je dagelijks je tijd aan MOET besteden

Welke 2 zijn dat ?

Tv kijken en op Facebook zitten ?

Zonder BULLSHIT, dus :

SALES & DIRECT MARKETING

Als je iets verkoopt (sales), dan komt er winst binnen.

Als je goed wordt in (direct marketing), dan komt er winst
binnen.

Met marketing bespaar je jezelf tijd tijdens het verkopen.
Je hoeft tijdens je presentatie niet uit te leggen wie je bent en wat
je onderneming doet.

Hoeveel uur per werkdag besteed Jij aan sales ?

Hoeveel uur per werkdag besteed Jij aan Direct Marketing ?

WAT GEBEURT ER ALS JE ALLEEN MAAR JE TIJD
BESTEEDT AAN SALES & DIRECT MARKETING ??

Heb je dan meer winst en dus meer geld ?

Einde previeuw

Voor meer info over dit boek van mij, ga naar www.hajrobv.nl

<u>Kleine introductie met oprichting Hajro</u>

Hajro zet zich in voor de mensen in provincie Gelderland,
door mensen aan het werk te houden,
door te doneren aan Goede Doelen,
en door jou te helpen om rijker te leven.

Tegenwoordig is Hajro
een dochteronderneming van Hajro Groep.

De Hajro Groep bestaat uit 20 verschillende ondernemingen,
die allemaal deel uit maken
van 1 overkoepelende organisatie.

We hebben nou verschillende producten & diensten,
en we steunen meer dan 40 Goede Doelen.

Bezoek ons op www.hajrobv.nl

en ontdek wat we nog meer voor jou kunnen betekenen.

Hopelijk word je een lovende klant van ons.

Ik wens je in ieder geval

veel voorspoed & geluk.

Met vriendelijke groeten,

Jasmin Hajro

Hajro
Ottawastraat 19
7007 BC
Doetinchem,
the Netherlands
KvK : 65686306
www.hajrobv.nl
amazon.com/author/jasminhajro

www.ingramcontent.com/pod-product-compliance
Lightning Source LLC
Chambersburg PA
CBHW071221220526
45468CB00002B/697